RAIMUNDO GADELHA

DOBRAS DO HORIZONTE

Horizon's Folds

二重の地平線

Ilustrações
Sérgio Gomes

Versões
Luiz Gadelha (inglês)
Michiyo Na

escrituras
São Paulo, 2018

O Japão teve de importar muito para se tornar uma grande civilização. A escrita veio da China, o budismo da Índia, a porcelana da Coreia. Não importaram o *tanka*. Essa peculiar forma poética foi inventada no Japão há mais de mil anos. Num certo momento da história, alguém decidiu por um tipo de poesia chamado *tanka* – poesia curta – que consistiria de uma sequência de 5-7-5-7-7 sílabas. A explicação se perdeu na noite dos tempos. Talvez não tenha havido nunca uma razão, a arbitrariedade sendo uma razão indebatível. Li uma vez que a rima era a regra desnecessária para fazer surgir o necessário. O paralelo com o *tanka* não é absurdo. A regra obriga a uma disciplina que exige que um bom "tankaísta" extraia da realidade, da emoção – que é o choque do eu com o mundo exterior – aquilo que resume tudo, que sintetiza sua experiência. Isso requer concentração, trabalho e sensibilidade. São essas as três qualidades que vemos reunidas nesta excepcional coleção de *tankas* brasileiros da lavra de Raimundo Gadelha. Deparamo-nos com uma série de *bonsais* – a comparação orientalista não é frívola – que se prestam a uma longa e paciente contemplação. O mundo reduzido, encolhido nos *tankas*, se oferece ao leitor para degustação do ouvido, da vista e do entendimento.

A tentação de cair no orientalismo, na "chinoiserie" versão japonesa, é sempre grande neste tipo de exercício poético. A forma, que nunca é neutra, tem a tendência de trazer o conteúdo. O *tanka* periga se tornar um museu do trio *sushi/tatame/kimono*. Raimundo Gadelha resiste a essa tentação. Em vez de se esconder num casulo "sol nascente", ele atualiza a forma e a traz para o Brasil. Os toques brasileiros são o que dão a esses *tankas* naturalidade. Há primeiro a temática tipicamente brasileira, como este canto à amizade:

Nossos amigos
são o que mais importa...
Por entre sendas
e fortes tormentas,
sempre nos abrem portas.

Mais brasileiro ainda é este *tanka*, onde o poeta não tem medo de mostrar suas raízes:

O sertão chora
a morte do vaqueiro
Corpo velado,
no céu a alma aboia
um rebanho de nuvens.

O resultado é de estranhamento, dessa fusão nova que renova a forma. Além disso, Gadelha lembra o estilo de Haroldo de Campos, quando ele também não se deixa levar por um saudosismo provinciano e abraça a modernidade:

O grande palco,
sob o mais belo spot
Alguns atores
esquecem de seu papel
quando contemplam a lua.

E quando pensamos que a fusão brasileira fez o seu trabalho, aparece o espírito japonês na sua forma mais pura:

Dentes a menos,
no tempo mastigados...
O branco se foi
A leve brisa espalha
aroma de hortelã.

Leiam e desfrutem de Raimundo Gadelha como eu fiz.

Philippe Humblé
Professor de Estudos da Tradução e Comunicação
Intercultural na Universidade Livre de Bruxelas

褶曲の内部

Dobras internas
Internal folds
Shukyoku no naibu

Onde nada há
eu plantarei um sonho
Não será visto,
mas com ele crescerei
até não caber em mim.

Where there is nothing
I will plant a dream
It will not be seen,
but I will grow with it
until it no longer fits me.

不毛の地に
夢を植えしに
見えずとも
裡にそだって
抱えきれない

Meta de vida,
o tento contínuo,
é uma ilusão...
Eu intento ser simples,
vento em qualquer direção.

A life's goal,
the continuous attempt,
is just an illusion...
I aim at being simple,
floating in any direction.

目標は
失うまいぞ
幻想よ
シンプルめざせば
四方の風が吹く

Linha do tempo
Se ainda não cheguei,
retorno não há...
Serei o arquiteto
de um homem bem melhor.

Time line
If I have not arrived yet,
there is no return...
I will be the architect
of a much better man.

先き見えぬ
ゴールにときは
無情にすぎ
心ある人に
成りしと思えど

O sonho maior,
há muito, esmaeceu...
De amarelo,
o tempo, invisível,
pintou o meu sorriso.

The greatest dream,
faded a long time ago...
In yellow,
time, invisible,
painted my smile.

数々の
大いなる夢
黄にしぼみ
時は知らぬ間に
安らぎ与える

Depois do amor,
por dormir longe e só,
inteiro não sou...
A noite é um fosso
onde os sonhos se vão.

After love,
sleeping away and alone,
I am not whole...
The night is a trench
where dreams vanish.

愛ののち
独り遠くに
眠りいて
夜は深い穴
夢かすみゆく

Eu quero voltar
à mesma velha casa
Pisar seu solo
até a sola da alma
de todo se desgastar.

*I want to return
to the same old house
Step on its soil
until my soul's sole
fully wears out.*

もどりたい
あの古い家
床ふんで
心の床ふんで
擦り切れるまで

Se não sei quem sou,
pulo meu próprio muro
Mergulho fundo,
libero as âncoras
e, inteiro, retorno.

If I do not know who I am,
I jump over my own walls
Dive deep,
release the anchors
and return whole.

わが知るため
塀をとびこえ
潜りて
錨はなせば
また蘇生するも

Pequeno corte
Minha blusa manchada
com o teu sangue...
Um Band-Aid, um beijo
Uma eterna lembrança.

A small cut
My shirt tainted
with your blood...
A band aid, a kiss
An eternal memory.

切り傷の
血がついたシャツ
あまいキスと
バンドエイトの
永遠の思い出

Gira roleta,
aleatório mundo...
Não quero muito
Pare onde possa ver
o mais belo pôr do sol.

Keep turning, roulette,
such a random world...
I don't want much
Just stop where I can see
a gorgeous sunset.

寓意的
回る世界は
ルーレットだ
止まれ！美しい
地平線のうえに

Sou a estação
e também o destino...
Dispenso mapas
e, mesmo na masmorra,
viajo dentro de mim.

I am the station
and also the destination...
I dismiss maps
and, even in the dungeon,
I travel inside myself.

われは駅
そして運命
地図は無用
囚われいつつ
裡の旅をゆく

Meu omisso pai
fez do menino que fui
pai de mim mesmo
Orgulho e tristeza...
Que estranha mistura.

My omissive father
made of the boy I was
a father of myself
Pride and sadness...
What a strange blend.

父の亡く
吾父となりし
よろこびも
哀しみもまじる
ふしぎな気持ち

Sei que de mim sou
caricata dimensão...
Sempre à cata
do ser que não conheço,
foto sem revelação.

I know that I am
a caricature dimension of me...
Always in search of
the person unknown to me,
an undeveloped photo.

見現探偉わ
知像す大が
ら以のな知
ぬ前はる道る
自の化は
分

Com as palavras,
forjar mais um poema
Samurai serei
No fio da katana,
o corte ou a guarda.

With words,
forge one more poem
A samurai I will be
On the katana's sharp edge,
the cut or the guard.

言葉もて
詩をきたえる
武士たらん
光る刃で
切るか守るか

Belo deserto,
encoberto pela noite...
Na sede de ser,
bebo luz das estrelas
e ilumino meus sonhos.

Beautiful desert,
overshadowed by night...
In the thirst of being,
I absorb light from the stars
and illuminate my dreams.

とばり降る
よるの砂漠で
乾きいやし
わが夢てらす
ひかる星飲む

Mais que sustento,
alimento é oração...
Preparo o pão
e, feliz, apreendo
o sentido da vida.

More than nourishment,
food is a prayer...
I make bread
and, happily, apprehend
the meaning of life.

祈りこそ
糧とはならむ
パンつくり
人生の意義
知るはたのしき

O piano jaz
e decanta na sala...
Teclas e dentes
Sinto que a música
também consegue sorrir.

The piano lies
and decants in the room...
Keys and teeth
I feel that music
can also smile.

へや隅に
ピアノは存在
鍵盤や
音楽もまた
微笑するのだ

Do medo faço
minha própria cela
Selo a sorte...
Treze cavalos loucos
galopam dentro de mim.

*I turn fear
into my own cell
And put a seal on luck...
Thirteen crazy horses
gallop inside me.*

こわごわと
わが運命の
鞍すえる
１３の奔馬が
狂って猛る

Cultivo rosas
mesmo que elas tenham
tão breve vida...
Em um belo instante
eu sinto o eterno.

I cultivate roses
even if they have
such a short live...
In a beautiful instant
I feel eternity.

バラ植える
花の命は
短しが
永遠かんじる
一瞬がある

Foi atentado
contra a solidão
Disparei letras
e o poema se fez
corpo e companhia.

It was a war
against loneliness
I fired off letters
and the poem materialized
body and company.

孤独感
おそわれて文字
つらぬれば
からだが応え
詩編の生まれる

Esforço faço
pra entender o poço
que é a vida
Sem saciar a sede,
a hora da partida.

I try hard
to understand the fountain
life seems to be
Before I quenched my thirst,
departure time has come.

努力する
世の深淵を
分かろうと
乾きをいやす
間もなく出発だ

Desato o nó
Prendo-me só ao sonho...
Junto cores
e com um arco-íris
alimento a alma.

I untie the knot
Stick me just to the dream...
I gather colors
and with a rainbow
feed my soul.

いろどりの
囚われた夢を
ときはなす
大空の虹が
魂をはぐくむ

Não tenho tempo
Velho relógio de mim,
arrasto horas...
Sino enferrujado,
sigo a triste sina.

I have no time
What an old clock I am,
I keep dragging hours...
Like a rusted bell,
I carry on my sad fate.

古時計
時をかさねて
残りわずか
さびた定めの
哀しみをゆく

Lembro de meu pai,
morto há tanto tempo...
Escrevo cartas
das quais sou remetente
e destinatário.

Remembering my father,
who died so long ago...
I write letters
of which I am the sender
and addressee.

ずっと以前
父は死んだのに
手紙を書く
差出人も
受取人もわれ

Se o coração
não está com quem amo,
preso eu estou...
Triste voo se bagagem
é o sonho desfeito.

愛する人
遠くにありては
思わずも
からのトランク
載せる飛行機

If my heart
is not with whom I love,
imprisoned I am...
A sad flight if the luggage
is a dissolved dream.

Por muito tempo,
garimpei nas estrelas...
O sol nascente
acordou o poema
que repousava em mim.

For a long time,
I prospected the stars...
The rising sun
woke up the poet
resting in myself.

長いこと
星をさがした
朝の日が
深くねむった
詩をよび醒ました

Uma muda de mim
e frondosa árvore
em breve serei
Abrigo não faltará
sob minha própria sombra.

A seedling from me
and a leafy tree
soon I will be
Limitless shelter
under my own shadow.

近ぢかに
大樹をめざす
小さな芽
樹冠大なれば
庇護はいらない

Bendito seja
o não dito por amor
Verdade maior
está no que sentimos
Dispo-me para quem amo.

May God bless
what is unspoken for love's sake
A greater truth
lies on what we feel
I undress for whom I love.

たとえれば
百の言葉より
愛する人よ
大いなる真実
を捧げよう

Baixo a clava
e pela clave de sol
atingido sou...
Só no silêncio
ouço o que toca em mim.

I lowered the club
and was hit
by the treble clef...
Only in silence
what I hear touches me.

ノブ引くと
陽に照らされて
静寂の
耳すまし聴くは
うちになる音

Sei, se belas são,
sibiladas palavras
música serão...
Acordes me acordam
Sigo em harmonia.

*I know, if they are lovely,
such sibilated words
will turn into music...
Chords wake me up
I keep on in harmony.*

美しい
言葉は笛の音
音楽だ
旋律はつぎつぎ
ハーモニーをよび

Eu sou sempre dois
E ponte não existe...
Tristes acenos
esses que, dos extremos,
troco comigo mesmo.

I am always two
And there is no bridge...
Sad waving gestures
the ones that, from extremes,
I exchange with myself.

橋のない
ふたつの貌もつ
われなれば
極端なふたりに
哀し手をふる

Guardo palavras
em gavetas que, eu sei,
nunca abrirei...
No estridente mundo,
mastigo silêncios.

I keep words
in drawers that, I know,
I will never open...
In the yelling world,
I chew silences.

粗い言葉
しまう引出し
開けはせぬ
しめつける世を
無言で噛みくだく

Dupla costura
farei em minha alma...
Dentro e fora
o corpo, bem vestido,
em estético seguir.

Double sewing
I will do in my soul...
Inside and outside
the body, well-dressed,
will move on esthetically.

ふくろ縫い
裏も表も
合わせ縫い
着飾るからだは
見栄のかたまり

Não ser o que sou
para um poema ser
Depois de muito,
sei, serei como o rio...
Passo, mas permaneço.

Not being what I am
to become a poem
After much has passed,
I know, I will be like a river...
Will pass by, but still remain.

持続しつ去る
なにものだろう
あまたの詩は
ながれる川だ
わたしって

Viro páginas
do velho livro, vida...
Lendo o que sou,
escreverei para mim
um grandioso final.

I turn pages
of the old book, life...
Reading about what I am,
I will write for me
a grand finale.

ページ繰る
人生の古本や
書くべきは
自分のための
グラン・フィナーレ

Foi triste sentir...
Ela, sem ter olfato,
fez o pedido:
Sem nomes de perfume,
descreva-me seu cheiro.

It was a sad feeling...
She, without a sense of smell,
made the request:
Not using perfume names,
describe your own smell.

哀しきは
嗅覚なき君
欲しいのは
香りにあらず
君の体臭だ

Sob o chuveiro,
olhar preso ao ralo...
Não só a água,
mas sinto que a alma,
lenta, também escorre.

Under the shower,
looking steadily at the drain...
Not only the water,
but I feel that my soul,
also, slowly drains off.

シャワーの
排水口に
吸い込まれ
わが魂は
じょじょに溶けゆく

Segue o rio
Em seu espelho d'água
fica meu rosto...
Já a saudade do mar
que nunca conhecerei.

The river keeps flowing
On its reflecting surface
my face remains...
Already longing for the sea
which I will never meet.

わが顔を
水面にうつして
河をゆく
見たこともない
海がなつかしい

Por que escrevo
se, para o poema,
espaço não há?
O papel é meu templo
Nele rezo com verso.

*Why do I write
if, for poems,
there is no space?
Paper is my temple
On it I pray with verses.*

なぜ書くの？
詩作にはない
スペースも
紙はわが城
書きつつ祈る

Conjugar-me-ei,
estranho verbo que sou...
Em qualquer tempo,
em todas as pessoas,
busco entendimento.

I will conjugate myself,
what a strange verb I am...
In whatever time,
in all persons,
I search for understanding.

いついつも
どんな人にも
わが不可解な
努力した
活用できぬ動詞

Olho as fotos...
Minhas filhas cresceram
Dupla saudade,
do pai que pouco tive,
do melhor pai que quis ser.

I look at the photos...
My daughters have grown up
Double longing,
of the father I scarcely had,
of the best father I attempted to be.

娘らの
写真の成長ぶり
サウダーデ
父は逝き
顕在の父われ

Não ser contido,
mas repleto de sonhos...
Há dentro de mim
um mar que desconheço
e sede de navegar.

Not being contained,
but full of dreams...
There is inside me
an ocean that I do not know
and a thirst for sailing.

夢あまた
抑えきれずに
わが裡に
見知らぬ海を
求めただよう

Triste consolo
Se teu corpo já não tenho,
vivo o ontem...
Minha alma abre-se,
álbum de recordações.

Sad consolation
If your body I no longer have,
I live the past...
My soul unfolds,
like a memory album.

昨日を生きる
わが魂はアルバムめくって
余韻に酔い
わが心

Revirei ventos,
tirei tudo de lugar
A alma guardei
dentro de um livro
cujo título esqueci.

I rummaged winds,
took everything from place
Just kept my soul
inside a book
whose title I forgot.

たつまきに
かき乱された
タイトルを
忘れた本に
心かくした

Verbo é carne
A alma, substantivo...
No mar de letras,
temo interrogações
e pesco interjeições.

Verbs are flesh
The soul, a noun...
In the literary sea,
I fear question marks
and fish interjections.

肉は動詞
たましいは名詞
文字の海
疑問詞おそれ
感嘆詞を釣る

Fui longe demais
O caminho de volta,
jamais acharei...
Eu sou o arquiteto
de minha própria prisão.

I went too far
The way back,
I will never find...
I am the architect
of my own prison.

遠くまで
来すぎ帰り路
失なって
わが牢きずく
建築家たらん

Além da alma,
existem, dentro de mim,
ruas vazias...
Na cidade inteira,
o CEP é solidão.

Besides my soul,
there exist, inside me,
empty streets...
For the entire city,
the ZIP code is solitude.

わが裡に
魂と空っぽの
道がある
街のポストは
空のシンボル

Pus as lembranças
num vidro de perfume...
Onde o guardei?
Só sei que tudo se foi,
até mesmo seu cheiro.

I put my memories
in a perfume bottle...
Where did I keep it?
I only know that all is gone,
even your scent.

思い出の
香水瓶は
どこへいった
すべては過ぎ去る
きみの香りも

Se duplo eu sou,
com ambos justo serei...
Não quero briga
Sempre, na fala de um,
total cala do outro.

If I am twofold,
I will be fair with both...
I want no quarrels
Always, when one speaks,
total silence from the other.

二重性
ならば公平に
争いやめて
こちらが開けば
他方は閉ざす

Velho castelo
sob a prateada lua...
Lobos não entram
Uivos ferozes ditam:
também não posso sair.

Old castle
under the silvery moon...
Wolves do not enter
Fierce howls say:
I cannot leave either.

古城に
銀の月でれば
おおかみは
獰猛にほえる
出口がないと

É madrugada...
Nesta velha morada
as tábuas rangem...
Meus próprios fantasmas
assustam-me muito mais.

It is dawn...
In the old residence
the boards creak...
My own ghosts
scare me much more.

あかつきに
古きわが家の
きしむ板
もっと驚かす
わが身の幽霊

Saber do que sei
gera grande vazio
Serei da vida
pouco de quase tudo,
vaso e conteúdo.

Knowing what I know
brings huge emptiness
Since of life I will be
a little of almost everything,
vase and content.

解るより
知りたまえ人は
空虚なり
少しく全部
容器も中身も

Brigo comigo,
mas nada se decide...
O que eu digo,
eu, surdo, não escuto
Dois, sendo menos de um.

I quarrel with myself,
but nothing is decided...
Whatever I say,
the deaf, "I" will not listen to
Two, being less than one.

知ってるが
止められず
わが言うは
聞こえず聞けず
半人前たらん

Em meu coração
tenho grandes aviões...
Fecho os olhos
e num simples instante
eu pouso onde sonhei.

In my heart
I have great airplanes...
I close my eyes
and in a plain second
I land where dreams take me.

わがうちに
大きな飛機あり
眼閉じ
瞬く間にも
あこがれの地へ

Se sonho nuvens,
rarefeitas emoções
guardo na alma...
No caminho que traço
desfaço-me se não sou.

If I dream clouds,
rarefied emotions
I keep in my soul...
On the path that I trace
I discard what I am not.

雲の夢
感動うすく
心にしまう
道まちがえば
消してゆくのみ

Falar ao vento,
dispersando palavras
em brancas nuvens...
Que no devido tempo
eu colha o diálogo.

Talk to the wind,
dispelling words
in white clouds...
So that in due time
I harvest the dialogue.

白い雲
言葉おしみて
風に立つ
そのうち稔る
会話もあろうと

Quando escrevo,
viro legista de mim...
Cada emoção
é uma veia, uma via
Mesmo dissecado, sou!

書くときは
己の記録者
感動が
解剖されて
血管にみちる

When I write,
I become my own coroner...
Each emotion
is a vein, a path
Even dissected, I am!

Não me pertence
a casa da amada
Meu corpo chega
e logo tem que partir...
A alma permanece.

My sweetheart's house
does not belong to me
My body arrives
and soon has to depart...
My soul remains.

わが家でない
愛する人の家
きてもすぐ
発つ身なれば…
こころ残して

Folhas de papel
Dobras viram pássaros...
Faço do sentir
íntimos origamis
Poemas voam em mim.

Paper sheets
Folds become birds...
From feelings I make
intimate origami
Poems fly in me.

紙をおる
鶴ができた
折り紙の
鶴の詩心
吾に浮かんだ

Engulo falas
Digiro silêncios,
hiberno em mim...
Entrego-me ao tempo,
amanheço sonho.

I swallow utterances
Digest silences,
enter a dormant state...
I give myself to time,
wake up as a dream.

言葉呑み
沈黙を消化
わが冬眠
ときに託せば
夢が目覚める

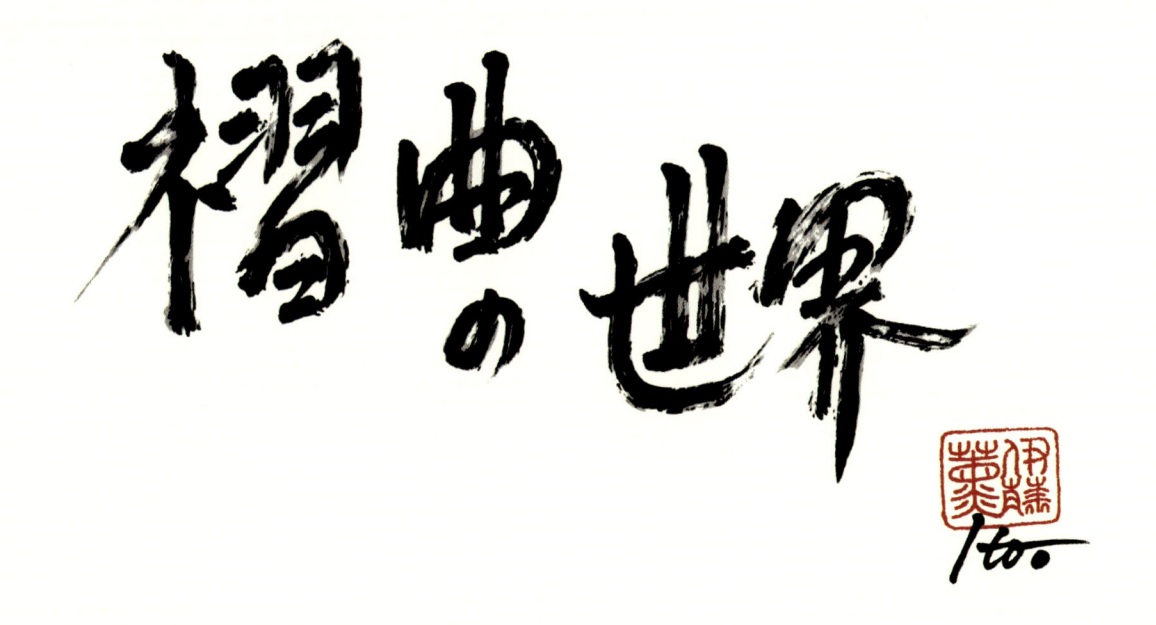

褶曲の世界

Dobras do mundo
World's folds
Shukyoku no sekai

No silêncio,
a essência ressoa...
A natureza,
sempre bela e plena,
transcende a palavra.

In the silence,
essence resonates...
Nature,
always beautiful and plentiful,
transcends words.

静けさに
息づくエッセンス
天然なる
言葉をこえた
完全なる美

Manto do tempo,
a noite cobre o dia...
Janela aberta,
estrelas iluminam
a nudez dos amantes.

Cloak of time,
the night covers the day...
Open window,
stars illuminate
the nakedness of lovers.

裸身ふたつ
夜がつつむは
昼の窓
星降る時間の
マント着いるやも

Nossos amigos
são o que mais importa...
Por entre sendas
e fortes tormentas,
sempre nos abrem portas.

Our friends
are what matters most...
Between paths
and heavy storms,
they always open doors to us.

友人とは
貴重なるもの
道にはぐれ
懊悩するとき
ドアを開けくる

Dentes a menos,
no tempo mastigados...
O branco se foi
A leve brisa espalha
aroma de hortelã.

Missing teeth,
chewed over time...
Whiteness is gone
The light breeze spreads
a minty aroma.

歯がぬけた
時を嚙みつつ
色あせて
そよ風が運ぶ
薄荷のかおり

O grande palco,
sob o mais belo *spot*
Alguns atores
esquecem de seu papel
quando contemplam a lua.

The big stage,
under the loveliest spotlight
Some actors
forget their role scripts
when contemplating the moon.

役をわすれる
月にみとれて
役者らは
あびる大舞台
スポットを

Não são lágrimas
o orvalho das folhas
Em conta-gotas,
são ternos alicerces
do mágico Universo.

They are not tears
the dewdrops from leaves
Like nurturing eyedroppers,
they are tender foundations
of our magical Universe.

なみだなる
葉の朝露が
ひとしずく
むかしむかしの
宇宙の手品

Nenhum retrato
As paredes sem alma
Segredos não há...
Medo de esquecer
e de esquecido ser.

No photos at all
Just soulless walls
There are no secrets...
Fear of forgetting
and of being forgotten.

隠しごと
額のない壁は
秘密がない
わすれる恐怖
忘れられる恐怖

Há sombras e sons...
O que querem me dizer
esses fantasmas?
Do antigo sobrado
só sobrou a saudade.

影と音
ゆうれいたちよ
何を言わむ？
想念のこる
ふるい二階家

There are shadows and sounds...
What do they want to tell me,
these ghosts?
From the old townhouse
only the longing remains.

Um rio aqui,
mas o outro, tão longe...
Fluem as águas
para que aconteça
o encontro das almas.

One river here,
but the other, so far away...
The waters flow
for the happening
of the souls' meeting.

あちらの川
こちらの川も
水はゆく
出会いを求める
魂をのせて

Ser vulcânico,
antes de sua extinção,
revolva cinzas...
Alma, leve fumaça,
eleve-se às nuvens.

Be volcanic,
before your extinction,
revolve ashes...
The soul, delicate smoke,
elevates itself to the clouds.

死の火山
絶望の灰
ふきあげて
煙となって
雲に舞いたつ

Pensar o novo,
dispensando o fútil
Pleno e útil,
perder muitas camadas
e, sendo menos, ser mais.

熟
考
す
十
全
で
有
益
軽
薄
の
衣
を
ぬ
い
で
軽
や
か
に
な
る

To think the new,
discarding futility
Entire and useful,
lose several layers
and, being less, be more.

Nada a fazer
senão dormir mil vezes...
O sonho maior
há que ser resgatado,
aquecendo os dias.

Nothing to do
but sleeping a thousand times...
The greatest dream
will have to be rescued,
warming up the days.

千回も
眠るほか術なく
大きな夢
奪回すべく
暖き日に

Espelho d'água...
O céu desce ao lago
Bela paisagem
Aves, em voo rasante,
bebem as brancas nuvens.

Reflecting pool...
The sky descends to the lake
Beautiful landscape
Low-flying birds
drink the white clouds.

湖面に
空おりくれば
美景なる
すれとぶ鳥が
白雲を呑む

Com passos largos
o sonho de ontem chega
ao matadouro...
No céu, nuvens desenham
um rebanho em fuga.

*At a great pace
yesterday's dream arrives
to the slaughterhouse...
In the sky, clouds draw
a fleeing herd.*

きのうの夢
大股にやってくる
屠殺場
牛の群れを
雲が描くなか

Despir palavras
e com as notas certas
fazer música
No espaço lá fora,
os pássaros aprovam.

Undress words
and with the right notes
make music
In the outside space,
birds approve the idea.

言葉すて
旋律にのって
とぶ音符
賛美するのは
外の小鳥たち

Dentes quebrados
na bigorna do tempo
Sorriso se foi
Olhos úmidos fixam
o triste horizonte.

Teeth broken
on time's anvil
Smiles have gone away
Wet eyes stare
the sad horizon.

歯はぬけおち
時のはがねに
笑みもなく
かなしみの目が
地平線みる

Os bons amigos
remetem-nos aos templos,
ao tempo de paz
A amizade é da vida
a devida dádiva.

Our good friends
remit us to temples,
to peaceful times
Friendship is truly
life's due gift.

友人が
寺にいざなう
平和時の
友情はまさに
いのちの恩恵

O sertão chora
a morte do vaqueiro
Corpo velado,
no céu a alma aboia
um rebanho de nuvens.

The hinterland cries
the cowboy's death
Veiled body,
in heaven his soul herds
a flock of clouds.

牧夫死に
セルトンは泣く
通夜の空に
たましいに添う
牛の雲群れる

O ambidestro
Punhal em uma das mãos
Pena na outra...
E pena ter, com sangue,
escrito sua história.

The ambidextrous
Dagger in one hand
Pen in the other...
And a pity that, with blood,
he wrote his history.

歴史とは
憐憫の手に
刃の手
憐れみながら
血まみれ記す

Num simples adeus
começa o desviver...
O sentimento
é casa que vai perdendo
paredes e telhado.

一言の
さよならで萎え
感情は
館は壁も
屋根も失いし

In a simple farewell
reverse living begins...
Sentiment
is a house that keeps losing
walls and roof.

Na borda do sol
tão belas borboletas
bordam a tarde...
O canto dos pássaros
completa o encanto.

On the sun's edge
so beautiful butterflies
embroider the afternoon...
The singing of the birds
adds to the enchantment.

いろどる夕暮れ
小鳥さえずり
夕明かり
蝶が舞うは
たそがれる

Lago transborda
Logo, no barco-corpo,
a alma chora...
O vento leva flores,
o ipê permanece.

A lake overflows
Soon, on the body-boat,
a soul crying...
The wind takes flowers,
the Ipê tree remains.

死体浮く
湖水はあふれ
たましい泣く
不動のイペーの
風花はこぶ

Ato sem perdão,
foi, pela própria sombra,
abandonado
Recluso na tristeza,
segue, vento no rosto.

許されぬ
おのれの過去に
みすてられ
頬なでる風が
悲嘆に幽閉さる

An unforgivable act,
his own shadow
abandoned him
A recluse in his sadness,
he moves on, the wind on his face.

A dor do ontem,
hoje vaza os olhos
Cego cortejo...
Entre sonhar e ser,
tateamos o medo.

Yesterday's sorrows,
pours the eyes today
Blind cortege...
Between dreaming and being,
we sense the fear.

盲しい人
昨日のいたみに
会釈し
夢と現実の
手さぐりをする

Nunca desistiu
e fez do infinitivo
o seu destino...
Pó, brilho misturado
à poeira das estrelas.

He never gave up
and from infinity
built his destiny...
Particles, mixed radiance
to the dust of the stars.

運命を
不定詞にせず
あきらめぬ
星屑のなかに
ひかるものあり

Encher os olhos
com o campo de trigo...
No livre pensar
já ver o pão servido
a todos que amamos.

To fill one's eyes
with the wheat field...
In free thinking
foresee bread being served
to all we love.

目いっぱい
広がる麦畑
パンとなり
愛するものの
食卓みたす

Foi só um sonho,
mas causou sobressalto
Ponte e salto...
Baque nas águas do rio
que seguiu seu destino.

It was just a dream,
but it caused uneasiness
A bridge and a jump...
A tumble on the waters of the river
which kept going to its destination.

夢だった
橋から跳躍
おどろいた
水飛び散らし
行き先決まる

Seguir a mosca
e, perplexo, constatar:
Em poucas horas
apaga-se uma vida
Voar também não basta.

To follow the fly
and, perplexed, realize:
In a few hours
a life vanishes
Flying is not enough either.

ハエを追う
一瞬の当惑
避けられぬ
風前のともしび
飛んでもだめだ

Foi um lampejo
Estrelas desenharam
o rosto de Deus...
Tocou o despertador
Luz do dia, dor nos olhos.

It was a flash of light
Stars were drawing
God's face...
The alarm clock rang
Daylight, pain in the eyes.

一刹那
星が描く
神の貌
目覚ましがなり
陽光にいたむ目

Saltam os peixes
na linha do horizonte
Livres de anzol...
Capturados querem ser
pela bela luz do sol.

*Fish jump
over on the skyline
Free from fishhooks...
Desiring to be captured
by beautiful sunlight.*

水平線
つりばりから遠く
魚はね
捕えられたら
光り輝くか

Morto exposto
com cínica expressão...
Parece pensar
no peso dos pecados
que do mundo levará.

Exposed dead
with a cynical expression...
He seems to think
of the load of the sins
he is taking away from the world.

すね者の
公開された死
シニカルだ
罪の重さを
背負う世間よ

Muito bêbado,
atirou para cima
Agora chora,
diz que matou o sonho
que as nuvens guardavam.

Dead drunk,
shoot upwards
Now he cries,
saying he killed the dream
the clouds were keeping.

酔いどれが
空に石投げて
泣いていた
雲に隠した
夢に当たったと

Veio o vento,
uivos assustadores...
Tantos loucos cães
ladram e mastigam
as sobras de memória.

The wind came,
frightening howls...
So many crazy dogs
bark and chew
the memory remains.

風にのって
狂犬の遠吠が
やってきた
記憶をちぎり
吠えたて騒ぐ

Café da manhã,
casa de campo sob sol...
Brilho, encanto
Pássaros fazem festa
com os farelos de pão.

Breakfast,
country house under sunlight...
Brightness, charm
Birds having a feast
with the breadcrumbs.

山小屋の
かがやくテラスに
魔法くる
パンくず喜ぶ
小鳥のしあわせ

Não decidia
o que fazer desse dia...
Já noutro tempo,
a alma se contorce
ao recordar o ontem.

*I wouldn't decide
what to do of this day...
But already on another occasion,
the soul contorts itself
when remembering yesterday.*

きょうの日
無為にすごして
むかしなら
そう思うだけで
身よじったものを

Cortou os pulsos
Em um impulso quis ver
fluir sua vida...
O rio dos que ficaram
agora corre triste.

He cut his wrists
In an impulse, wanted to see
his life flowing...
The river of those remaining
now runs sadly.

衝動で
命みようと
手首を切った
残されし人は
悲哀の川をみる

Bela paisagem...
A lua enche o lago
Mundo transborda
O futuro a bordo
da criança que dorme.

Beautiful landscape...
The moon fills the lake
The world overflows
The future on board
of the sleeping child.

月光が
湖面にかがやき
あふれでる
未来は寝る子の
上にやってくる

Tosquiar nuvens,
sabor de doce sonho...
Triste imagem:
brancas ovelhas balem
rumo ao matadouro.

Shearing clouds,
a palatable sweet dream...
A sad image:
white sheep bleat
on way to the slaughterhouse.

雲を刈る
甘い夢の味
羊の群れ
屠殺場めざす
風景哀し

O marinheiro
chora e faz do convés
seu confessionário...
O navio é templo
sob a luz das estrelas.

The sailor
cries and makes the deck
his confessional...
The ship is a temple
under the light of the stars.

船乗りが
甲板で告解
ないている
船は城
星明りにかがやく

Morder palavras
e esperar sua seiva...
Doce prática
de extrair do mundo
sabores e emoções.

To bite words
and wait for their sap...
Sweet practice
of extracting from the world
flavors and emotions.

かじってみる
甘い言葉の
手練手管
味覚と感情を
抽出しながら

Um vento forte
Do ipê amarelo,
pétalas em voo...
O menino escuta
e vê belos canários.

A heavy wind
From the yellow Ipê tree
petals in flight...
The boy listens
and sees beautiful canaries.

風つよく
花びら飛ばす
黄イッペの
子らははしゃぎ
カナリアを見る

Vozes noturnas
a martelar o sono...
Quebram-se pregos
Belos quadros despencam
das paredes do sonho.

Night voices
hammering the sleeping...
Nails break apart
Beautiful paintings fall down
from the dream walls.

夜の声
夢打ち砕き
釘を折る
美麗な額縁
夢から落す

Fazer escolhas,
sem temer qualquer risco...
A morte maior
é marchar mansamente,
despido de ousadia.

To make choices,
not fearing any risk...
The greatest death
is to march tamely,
undressed of any audacity.

死ぬ気なら
選択のリスクに
おびえるな
ゆっくりすすめ
勇を鼓しつつ

Morto, mas feliz
Gosto doce da vida
ainda em si
Enquanto todos choram,
ele parece sorrir.

Dead, but happy
Sweet taste of life
still present in him
While everyone cries,
he seems to smile.

幸せな死人
甘い生活
好きな彼
悲しむ人々を
笑いおりけり

Bem longe brilham
as luzes do navio
Sob as estrelas,
parecem vagalumes
sobre as ondas do mar.

*Very far and shining
the lights from a ship
Under the stars,
resemble lightning bugs
on top of the sea waves.*

船明かり
遠く輝きて
星のもと
波間にみえる
蛍のように

E galos cantam
O cristal da madrugada
em estilhaços...
Da insônia faço
um templo de reflexão.

And roosters sing
The dawning crystal
in fragments...
From insomnia I make
a reflection temple.

おんどりが
薄明のなか
夢やぶる
眠れぬままに
悔いの城きずく

Colho uma rosa
do jardim que não é meu
O dono sorri...
Vento sopra que somos
parte do mesmo todo.

I pick a rose
from someone's garden
The owner smiles...
The wind spreads that we are
part of the same wholeness.

バラ摘むは
わが庭にあらず
隣人の笑みは
風ともども
万人のもの

No infinito
tudo contido está...
O que não vê,
lá, nos desvãos do cosmos,
muda e nos transforma.

In the infinite
all is contained...
What you do not see,
there, in the cosmos garrets,
changes and transforms us.

インフィニティー
内包するは
不可視なる
宇宙のスペース
進化をうながす

Tiê insone
sangra a madrugada
Vermelho canto...
O pesar martelado
pelo peso das horas.

Sleepless Tiê bird
awake past dawn
Reddish singing...
The regret hammered
by the weight of the hours.

眠れない
フウキンチョウの
赤い歌
不吉な声が
深夜にひびく

Tinha nos bolsos
esboços do sol, da lua...
Veio a chuva
Agora ele, triste,
marcha com manchas nas mãos.

In his pockets he had
sketches of the sun, the moon...
Then came the rain
Now he, unhappily,
carries spots on the hands.

ポケットに
陽と月のデッサン
雨がきた
虚しくて手に
シミつけたままゆく

A casa no mar
é vida, belo fluir...
As ondas formam
os alicerces do sonho
até que ali cesse.

The home by the sea
is full of live, lovely flowing…
The waves form
the dream's foundations
as long as it lasts.

海の家は
波の上に
営々と
夢流れるまで
美しくある

Pássaro, bateu
no transparente rosto
Um Deus de vidro,
mais que quebrar suas asas,
trincou o devido sonho.

A bird, collided
with a transparent face
A God made of glass,
more than breaking its wings,
it cracked the due dream.

鳥ぶつかる
神の透明な
ガラスの貌
痛めた羽より
こわれた夢が痛い

Olor de jasmin
Os rastros dos fantasmas
enlouquecem cães...
E nos restos da noite,
as mordidas no nada.

Jasmine aroma
The ghosts' traces
madden dogs...
And in the night's remains,
the bites on emptiness.

犬たける
ジャズミンの香り
幻影の
虚空をかむ
残された夜

Penso girassóis
em tão intenso amor
Gozo imenso...
Durmo e belos sonhos
explodem em amarelo.

I think sunflowers
in such intense love
Pleasurable and immense...
I sleep and wonderful dreams
explode in yellow.

ひまわりは
大いなる愛
酔いしれる
黄の爆発は
すばらしき夢

A vida se foi
O corpo, no esquife,
rosto exposto...
Na cínica espreita,
anjos e demônios.

Life is gone
The body, in the coffin,
face exposed...
In a cynical lurking,
angels and demons.

棺にさらす
からだと顔を
覗くなか
天使と悪魔が
時うつり

O corpo solto
só, no mundo, pouco é
Um marca-passo
O coração padece
com a vida sem compasso.

A loose body
alone, in the world, is not much
A pacemaker
The heart suffers
with a life out of cadence.

解放に
世界は狭く
受難の
ペースメーカーは
とまどい悩む

Intensa chama
interrompe sua dança
No denso azul,
estrelas sinalizam
que tudo continua.

An intense flame
interrupts her dance
In the dense blue,
stars signal
that everything continues.

炎もえ
ダンスがとまる
つづけろと
藍色の空で
星がささやく

O comandante
do navio-fantasma
não encontra paz...
Cruza os sete mares,
mas sua amada, nunca mais.

The commander
of the ghost ship
finds no peace...
He crosses the seven seas,
but his lady-love, never again.

幽霊船の
キャプテンは哀し
七つの海
渡っても愛
する人はいない

TIPOGRAFIA	AVENIR NEXT
PAPEL DE MIOLO	COUCHÉ FOSCO 115 G/M^2
PAPEL DE CAPA	CARTÃO 250g/m^2
IMPRESSÃO	MUNDIAL GRÁFICA